Inhalt

Konsolidierungsvorschriften - Änderungen bei den internationalen Bilanzierungsregeln

Kernthesen

Beitrag

Fallbeispiele

Weiterführende Literatur

Impressum

Konsolidierungsvorschri
- Änderungen bei den internationalen Bilanzierungsregeln

Annett Kaindl

Kernthesen

- Unternehmen müssen sich in der Rechnungslegung auf neue Konsolidierungsvorschriften einstellen.
- Außerbilanzielle Gestaltungen bei der Konsolidierung von Zweckgesellschaften werden erschwert.
- Der neu verabschiedete IFRS 10 beinhaltet ein einheitliches Beherrschungskonzept für Tochtergesellschaften.
- Die zukünftig notwendigen Anhangangaben werden die Bilanzierenden aufgrund der Fülle

an Informationspflichten vor erhebliche Herausforderungen stellen.

Beitrag

Veröffentlichung neuer Konsolidierungsvorschriften

Das IASB (International Accounting Standards Board) verabschiedete am 12. Mai 2011 den Bilanzierungsstandard IFRS 10 "Consolidated Financial Statements". Der neue Standard ersetzt die bisher gültigen Konsolidierungsstandards IAS 27 und SIC (Standing Interpretations Committee) 12 und beinhaltet ein neues Beherrschungs-Konzept. Das IASB verfolgt mit den neuen Regelungen das Ziel, einheitliche Mutter-/Tochterverhältnisse unter Einbeziehung von Zweckgesellschaften zu definieren. Es gibt also künftig keine Sonderregelungen mehr für Zweckgesellschaften. Fragwürdige Gestaltungen der Vergangenheit, die durch eine Ausnutzung von bilanzpolitischen Spielräumen die Verschleierung von Unternehmensverbindungen - insbesondere zu Zweckgesellschaften - zum Inhalt hatten, sollen unterbunden werden. (1), (2)

Das neue Beherrschungs-Konzept (Control-Konzept)

gilt grundsätzlich für alle Unternehmen - ungeachtet ihrer Rechtsform oder Unternehmensgröße. (1)

Das Control-Konzept in IFRS 10 stellt eine Zusammenführung der Control-Modelle aus IAS 27 und SIC 12 dar, die um darüber hinausgehende Anwendungsfragen ergänzt und konkretisiert wurden. (1)

Das neue Beherrschungs-Konzept (Control-Konzept) im Überblick

Das neue Control-Konzept kennt nur eine Form von Beherrschung. Eine Zweiteilung in "traditionelle" Unternehmen und Zweckgesellschaften - wie bisher meist bei der Anwendung von IAS 27 und SIC 12 vorgenommen wurde - wird zugunsten eines einheitlichen Konzepts für alle Unternehmenstypen aufgegeben. Der neue Standard beinhaltet daneben für zahlreiche Beherrschungskonstellationen Hinweise zur Bestimmung, ob Beherrschung vorliegt. (1)

IFRS 10 führt neue Begriffe ein, wie zum Beispiel die zentralen Begriffe "investor" und "investee", die für potenzielles Mutterunternehmen und potenzielles Tochterunternehmen stehen. (1)

Im neuen Standard findet sich folgende Definition für

Beherrschung:

Control ist unteilbar und an die Erfüllung von drei Voraussetzungen geknüpft, die kumulativ erfüllt sein müssen: (1), (3)

- Der investor hat die Möglichkeit, den investee zu beherrschen (= Power-Kriterium).
- Der investor ist aus der Verbindung zum investee unsicheren Rückflüssen ausgesetzt beziehungsweise besitzt Rechte an diesen Rückflüssen (= Returns-Kriterium).
- Der investor besitzt die Möglichkeit, die Höhe der variablen Rückflüsse zu beeinflussen (= Zusammenhang zwischen dem Power- und Returns-Kriterium).

Die Beurteilung von Beherrschung erfolgt aus der Sicht des investors. Dieser muss prüfen, ob alle drei Kriterien von control erfüllt sind oder nicht. Bei der Beurteilung von control muss der investor stets alle Tatsachen und Umstände des Einzelfalls berücksichtigen. Der investor muss die Beurteilung fortwährend durchführen. Kommt es zu Änderungen bei mindestens einem der drei wesentlichen Kriterien von control, muss der investor auf Basis der neuen Tatsachen oder Umstände beurteilen, ob Beherrschung vorliegt oder nicht. Bestimmte Ereignisse können dazu führen, dass ein investor seine Beherrschung über den investee verliert oder neu erlangt. (1), (3)

Wesentliche Detailfragen des neuen Control-Konzepts

Ein investor hat power über einen investee, wenn dem investor Rechte zustehen, die ihm die Möglichkeit geben, die Aktivitäten zu bestimmen, die die Rückflüsse des investee wesentlich beeinflussen (relevante Aktivitäten). Stimmrechte, potenzielle Stimmrechte, Rechte aus sonstigen vertraglichen Vereinbarungen oder eine Kombination dieser Rechte können zu power führen, wenn sie substanziell sind. Die faktische Möglichkeit, die relevanten Aktivitäten eines potenziellen Tochterunternehmens bestimmen zu können, reicht aus. Eine tatsächliche Bestimmung der Aktivitäten ist keine notwendige Bedingung, um das Power-Kriterium zu erfüllen. (1), (3)

Die relevanten Aktivitäten müssen identifiziert werden. Diese hängen von den individuellen Gegebenheiten der Beziehung zwischen dem potenziellen Mutterunternehmen und dem potenziellen Tochterunternehmen ab. So können sich diese relevanten Aktivitäten beispielsweise auf den An- und Verkauf von Gütern oder anderen Vermögenswerten beziehen. Die Aktivitäten können auch darin bestehen, dass die Ausrichtung der Forschungs- und Entwicklungstätigkeiten vorgegeben oder aber die Finanzierungsstruktur gestaltet wird beziehungsweise finanzielle Mittel vom potenziellen Tochterunternehmen abgezogen werden können. (3)

Auf welche Art Beherrschung ermittelt wird und welche Faktoren in die Beurteilung von Beherrschung einzubeziehen sind, hängt von den relevanten Aktivitäten und den Entscheidungen, die darüber getroffen werden, sowie von den Rechten, die der investor und andere Parteien besitzen, ab. Welche Faktoren und Rechte in die Beurteilung von Beherrschung einzubeziehen sind, ist damit immer einzelfallabhängig. (1),

Der neue Standard stellt klar, dass neben positiven auch negative Rückflüsse zu beachten sind. Außerdem wird hervorgehoben, dass sowohl monetäre Rückflüsse als auch nicht unmittelbar monetär bewertbare Sachverhalte in die Beurteilung einfließen. Beispiele für Rückflüsse sind Dividenden oder andere Ausschüttungen, die von der wirtschaftlichen Leistungsfähigkeit des investee abhängig sind; Veränderungen in der Wertsteigerung des Anteilsbesitzes des investors am investee; Gebühren und Verlustrisiken aus der Bereitstellung finanzieller Unterstützungen oder der Bereitstellung von Krediten; steuerliche Vorteile und Zugang zu Liquidität. (1), (3)

Eine bedeutende Neuerung von IFRS 10 besteht in der Verzahnung des Power- und Returns-Kriteriums, da diese Kriterien bislang weitestgehend isoliert beurteilt wurden. (3)

Notwendige Angaben im Anhang

Regelungen bezüglich der Anhangangaben finden sich nicht in IFRS 10, sondern im ebenfalls neu im Mai 2011 verabschiedeten IFRS 12. Die neuen Regelungen sehen umfangreiche Anhangangaben insbesondere für nicht konsolidierte Unternehmen vor. Dadurch sollen die Beziehungen zu den nicht in die Konsolidierung einbezogenen Unternehmen für die Adressaten des Jahresabschlusses transparenter als bisher dargestellt werden. (2), (3)

Der Standardsetzer verfolgt mit den Anhangangaben folgendes Ziel: Die Adressaten sollen einerseits die Art der Beziehung zwischen dem Mutterunternehmen und dem Tochterunternehmen sowie daraus resultierende Chancen- und Risikopositionen besser einschätzen können. Andererseits sollen die aus Unternehmensverbindungen resultierenden Einflüsse auf die Vermögens-, Finanz- und Ertragslage des Mutterunternehmens besser beurteilt werden können. Im Anhang sind die wesentlichen Prämissen und Ermessensspielräume zu erläutern, die bei der genauen Abgrenzung des Konsolidierungskreises eine Rolle gespielt haben. (3)

Trends

Die umfangreichen und komplexen Neuregelungen des IFRS 10 sind für Geschäftsjahre ab dem 01.01.2013 verpflichtend anzuwenden, Altfälle sind gegebenenfalls retrospektiv anzupassen. IAS 27 und SIC 12 werden durch IFRS 10 ersetzt und mit dessen Inkrafttreten aufgehoben. Die rückwirkende Anwendung kann dazu führen, dass der investor Beherrschung über einen investee ausübt, der zuvor gemäß IAS 27 i.V.m. SIC 12 nicht beherrscht wurde. Der umgekehrte Fall ist natürlich ebenfalls möglich, das heißt, ein investee muss nicht mehr konsolidiert werden. (3)

Mit IFRS 10 werden mehrere neue unbestimmte Rechtsbegriffe eingeführt. Diese erschweren nicht nur das Verständnis, sondern werden in der Praxis auch zu uneinheitlichen Umsetzungen führen. Die weitreichenden Auslegungsmöglichkeiten beispielsweise der Begriffe "variable returns" oder "relevant activities" eröffnen dem Bilanzierenden auch zukünftig bilanzpolitische Spielräume. (1)

Die neuen Vorschriften werden aufgrund ihrer Komplexität und klärungsbedürftiger Fragen zu Unsicherheiten sowie zu einer uneinheitlichen Umsetzung in der Praxis führen. Mit großer Wahrscheinlichkeit werden sie die Unternehmen zu veränderten Verhaltensmustern drängen, aber fragwürdige bilanzpolitische Gestaltungen in der Konzernpraxis nicht vollständig verhindern können. (1)

Die retrospektive Anwendungspflicht des neuen Control-Konzepts zwingt die Bilanzierenden, sich rechtzeitig mit dem neuen Control-Konzept auseinanderzusetzen, um sowohl vergangene als auch künftige Beherrschungsverhältnisse und Unternehmenserwerbe standardkonform beurteilen, planen und abbilden zu können. (1)

Fallbeispiele

Falls sicher ist, dass ein investee durch die Stimmrechtsmehrheit beherrscht werden kann, fokussiert sich die Beurteilung von control auf die Ermittlung derjenigen Partei, welche die Möglichkeit hat, den Stimmrechtsanteil derart auszuüben, dass sie die Geschäfts- und Finanzpolitik des investee bestimmen kann: (1)

Beispiel 1: Stimmrechtsverteilung: 40:20:5:5:5:5:5:5:5

Der investor mit dem Stimmrechtsanteil von 40 Prozent der Stimmrechte kann nur dann control haben, wenn es unwahrscheinlich ist, dass sich die anderen Parteien leicht zusammenschließen beziehungsweise organisieren können, um den investor zu überstimmen. Es müssen weitere Indikatoren in Betracht gezogen werden, um die Schlussfolgerung treffen zu können, dass der investor power über den investee hat.

Beispiel 2: Stimmrechtsverteilung: 40:30:30

Es ist unwahrscheinlich, dass der investor mit dem Stimmrechtsanteil von 40 Prozent control ausübt, da die beiden anderen Anteilseigner sich leicht zusammenschließen können, um ihn beispielsweise bei Hauptversammlungsentscheidungen zu überstimmen.

Weiterführende Literatur

(1) Das neue Control-Konzept nach IFRS 10 IFRS 10 "Consolidated Financial Statements" stellt die Konzerne bereits jetzt vor enorme Herausforderungen aus Kapitalmarktorientierte Rechnungslegung, Heft 6 vom 1.6.2011, Seite 273 -

(2) Neue Konsolidierungsregeln für Konzerne Internationales Bilanzgremium IASB definiert Beherrschung von Tochtergesellschaften breiter - Joint Ventures betroffen
aus Börsen-Zeitung, 27.04.2011, Nummer 80, Seite 13

(3) Abgrenzung des Vollkonsolidierungskreises nach IFRS 10 und IFRS 12 - Update zu xyxJL64yxyBB 2009,

1574xyxELyxy ff.
aus Betriebs Berater Heft 26/2011 Seite 1641

Impressum

Konsolidierungsvorschriften - Änderungen bei den internationalen Bilanzierungsregeln

Bibliografische Information der deutschen Nationalbibliothek

Die Deutsche Nationalbibliothek verzeichnet diese Publikation in der deutschen Nationalbibliografie; detaillierte bibliografische Daten sind im Internet über http://dnb.d-nb.de abrufbar.

ISBN: 978-3-7379-1403-1

© 2015 GBI-Genios Deutsche Wirtschaftsdatenbank GmbH, Freischützstraße 96, 81927 München, www.genios.de

Alle Rechte vorbehalten. Dieses Werk ist einschließlich aller seiner Teile – z.B. Texte, Tabellen und Grafiken - urheberrechtlich geschützt. Jede Verwertung außerhalb der Grenzen des Urheberrechtsgesetzes bedarf der vorherigen Zustimmung des Verlags. Dies gilt insbesondere auch für auszugsweise Nachdrucke, fotomechanische Vervielfältigungen (Fotokopie/Mikroskopie), Übersetzungen, Auswertungen durch Datenbanken oder ähnliche Einrichtungen und die Einspeicherung und Verarbeitung in elektronischen Systemen.